AF305828

VENTE POUR CAUSE DE DÉPART DE Madame Vve***

IMPORTANT MOBILIER

MODERNE ET ANCIEN

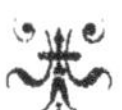

CATALOGUE

D'UN

Important Mobilier

MODERNE ET ANCIEN

PORCELAINES & FAIENCES, OBJETS VARIÉS

ARGENTERIE, PLAQUÉ

GRAVURES, TABLEAUX

PENDULES ET BRONZES

SIÈGES & MEUBLES

ÉTOFFES, TAPIS, TAPISSERIES

Le tout appartenant à Madame Vve ***

Et dont la Vente, pour cause de départ, aura lieu à Paris

HOTEL DROUOT, SALLE N° 6

Les Lundi 29, Mardi 30 et Mercredi 31 Mars 1909

A DEUX HEURES

COMMISSAIRE-PRISEUR	EXPERTS
Mᵉ HENRI BAUDOIN	**MM. MANNHEIM**
Successeur de M. PAUL CHEVALLIER	7, rue Saint-Georges
10, rue Grange-Batelière	PARIS

EXPOSITION PUBLIQUE
Le Dimanche 28 Mars 1909, de 2 heures à 6 heures

CONDITIONS DE LA VENTE

Elle sera faite au comptant.

Les adjudicataires paieront *dix pour cent* en sus des enchères.

Paris. — Imp. de l'Art, Ch. Berger, 41, rue de la Victoire.

DÉSIGNATION

CÉRAMIQUE

1 — Service de table en porcelaine blanche de Limoges, décor or.

2 — Service de verrerie de table.

3 — Service à vins fins, composé d'un plateau à fond de glace, d'un carafon et de douze verres.

4 — Deux grands vases, poterie de Satzuma.

5 — Bol en porcelaine de Chine : branchages et fleurs.

6 — Quatre petits vases variés. Chine.

7 — Cache-pot en porcelaine craquelée; monture bronze.

8 — Deux potiches. Japon.

9 — Trois petites potiches et deux cornets. Chine.

10 — Vase avec couvercle en porcelaine bleue unie; monture bronze.

11 — Fontaine avec bassin en faïence, décor de personnages et fleurs.

12 — Potiche en faïence, montée en lampe électrique en bronze.

13 — Lampe, formée d'un vase, en porcelaine flambée.

14 — Lampe, formée d'un vase, en céladon turquoise; monture bronze.

15 — Jardinière en porcelaine, décor brun et bleu.

16 — Deux lampes en porcelaine, décor bleu; monture bronze.

17 — Deux vases en porcelaine rouge haricot; monture bronze.

18 — Deux grandes vasques, Japon, avec socles bambou

19 — Cabaret en porcelaine de Vienne, composé d'un plateau, théière, cafetière, sucrier et deux tasses avec couvercles et soucoupes.

20 — Deux petites potiches en porcelaine; monture bronze.

21 — Deux petits vases et un encrier en porcelaine, fond vert ; monture bronze.

22 — Deux potiches en porcelaine de Chine, laquées noir et or.

23 — Vase avec couvercle en porcelaine de Chine ; monture en bronze formant fontaine.

24-28 — Environ vingt-huit pièces : statuettes, figurines, oiseaux ou groupes en porcelaine d'Allemagne et autres.

29 — Quatre statuettes de femmes en porcelaine blanche italienne, sur bases en bois doré.

30 — Petit groupe de deux enfants en porcelaine blanche.

31 — Deux oiseaux, biscuit.

32 — Coupe à bonbons en porcelaine de Chine, décor bleu ; anse argent.

33-38 — Sous ce numéro, qui sera divisé,
faïences et porcelaines diverses : potiches,
vases, plaques, plateaux, assiettes, etc.

39 — Petite bouteille, décor de motifs irrégu-
liers en bleu. Porcelaine de Chine.

40 — Coupe, décorée de fleurs et animaux, en
ancienne porcelaine de Chine, provenant du
service de la Pompadour.

41 — Coupe décorée de branches fleuries ;
revers orné. Ancienne porcelaine de Chine.

42 — Petite potiche, décor d'arbustes et oiseaux
en bleu. Ancienne porcelaine de Chine.

43 — Petite chimère en ancienne porcelaine de
Chine émaillée sur biscuit.

44 — Statuette de Kouan-in en blanc de Chine.

45 — Pitong ajouré en blanc de Chine.

46 — Deux bouteilles à pans en ancienne porcelaine de Chine, décor d'ustensiles en bleu.
Montures en bronze.

47 — Jardinière carrée : Personnages et fleurs.
Ancienne porcelaine de Chine.

48 — Bol en ancienne porcelaine de Chine, à
couverte dite foie de mulet.

49 — Petit pot à eau, décoré de fleurs. Ancienne
porcelaine de Chine.

50 — Plusieurs assiettes en ancienne porcelaine
de Chine et du Japon.

51 — Deux potiches en ancienne faïence de
Delft, décorées de compartiments à fleurs
en bleu.

52 — Deux potiches avec couvercles : Fleurs et
rochers en bleu. Ancienne faïence de Delft.

53 — Deux potiches et deux cornets, décor en
bleu, de style chinois. Ancienne faïence de
Delft.

54 — Ecuelle avec couvercle et plateau, décor
doré. Porcelaine de Paris. Commencement
du XIXe siècle.

TABLEAUX, GRAVURES

55-57 — Dix héliogravures encadrées : Repro-
ductions de tableaux de WATTEAU, LANCRET
et PATER.

58-62 — Quinze gravures encadrées. École fran-
çaise. (Ce lot sera divisé.)

63 — Quatre gravures en couleurs, de forme
ovale : Parcs avec cours d'eau.

64 — Six gravures en couleurs, de forme ronde :
Vues de monuments de Paris.

65 — Deux autres : Sujets mythologiques.

66 — Quatre autres : Pastorales.

67 — BÉTHUNE. La Pointe de Bordighera. Aqua-
relle.

68 — BLUM (Maurice). Personnages près d'une
statue, dans un parc.

69 — FREUND (J). Le Cabinet de l'Amateur.

70 — RYCKAERT (David). Intérieur de paysans hollandais.

71 — SAIN (Paul). Vue d'Avignon.

72 — TENIERS (Attribué à David). Pâtre gardant des moutons.

73 — THOMPSON. L'Entretien galant.

74 — VAN HIER. Canal à Utrecht.

ARGENTERIE, PLAQUÉ

75 — Service à poisson en argent.

76 — Bonbonnière en argent. Style Louis XV.

77 — Bonbonnière en argent, forme cœur.

78 — Trois bonbonnières en vermeil.

79 — Baguier en argent ciselé, intérieur de verre rouge.

80 — Petit bougeoir en argent.

81 — Étui contenant un coupe-papier et une paire de ciseaux, monture vermeil.

82 — Cinq brosses, montures argent.

83 — Deux petits flambeaux en argent.

84 — Petit miroir à main, monture argent.

85 — Deux cuillers à sauce en argent.

86 — Un couvert à salade en argent.

87 — Cuiller à sucre en poudre en vermeil.

88 — Une paire de ciseaux à raisin en vermeil.

89 — Vingt pelles à glace en vermeil.

90 — Deux pelles à bonbons en vermeil, une pelle à glace, une pelle à fraises, une cuiller à fraises et un couvert à gâteaux en vermeil.

91 — Petite pince à sucre, pelle et fourchette en vermeil.

92 — Couteau à fromage, manche vermeil.

93 — Sucrier en argent, décor de feuillages, intérieur verre bleu.

94 — Pot à lait en argent, décor de guirlandes de fleurs.

95 — Théière, cafetière, sucrier et pot à lait en argent, à côtes en spirales.

96 — Bouilloire avec réchaud en argent, décor de feuillages.

97 — Chocolatière en argent, à côtes en spirales.

98 — Petite théière, petit sucrier à deux anses et pot à crème en argent, décor de rocailles. amours et guirlandes.

99 — Théière et pot à lait en argent.

100 — Deux sucrières avec plateaux adhérents en argent.

101 — Sucrière en argent, décor de guirlandes.

102 — Deux burettes en cristal, montures vermeil, sur plateau en vermeil.

103 — Aiguière en argent doré, décor de personnages, mascarons et guirlandes.

104 — Deux porte-bouquets en argent, style Louis XVI ; intérieur verre rouge.

105 — Deux salières doubles en argent, style Louis XVI ; intérieurs verre bleu.

106 — Quatre salières simples analogues.

107 — Jardinière, de forme ronde, en argent, avec intérieur cuivre doré.

108 — Légumier avec couvercle à anses plates, avec plateau.

109 — Deux plats longs et deux plats ronds à bords contournés en argent.

110 — Vingt grandes cuillers et vingt grandes fourchettes en argent.

111 — Vingt couverts à entremets en vermeil.

112 — Douze petites fourchettes en argent et vermeil.

113 — Vingt couteaux à dessert, lames acier, manches vermeil.

114 — Vingt couteaux à fruits, lames vermeil, manches nacre.

115 — Plateau rectangulaire en argent gravé.

116 — Petite jardinière ovale en cuivre argenté.

117 — Brosse à pain, garnie argent, avec plateau argenté.

118 — Petit plateau de surtout à fond de glace, garni d'argent.

119 — Deux coupes en cristal, monture en argent, à deux anses.

120 — Confiturier avec couvercle en métal argenté et cristal. Époque Restauration.

121 — Corbeille à pain en métal argenté, imitant la vannerie.

122 — Jardinière ovale en cuivre argenté. Style Louis XVI.

123 — Deux coupes à fruits en cristal, avec pieds en métal argenté.

124 — Service à œufs en métal argenté.

125 — Coupe à bonbons en métal argenté anglais, avec pelle et plateau.

126 — Petit beurrier en cristal avec couvercle et plateau en cuivre doré.

127 — Huit dessous de carafes argentés, décoi
de feuillages.

128 — Plateau ajouré, forme rectangulaire, en
métal argenté anglais.

129 — Plateau rond à galerie, avec quinze petites casseroles argentées.

130 — Grand plateau rectangulaire argenté.

131 — Lampe en cuivre argenté, disposée pour
l'électricité.

132 — Deux flambeaux en cuivre argenté.

133 — Deux flambeaux à deux lumières en
cuivre argenté, disposés pour l'électricité.

134 — Deux flambeaux à deux lumières en
bronze argenté.

135 — Deux girandoles à quatre lumières en
cuivre argenté.

OBJETS DIVERS

136 — Aiguière en étain.

137 — Bouilloire avec plateau en cuivre rouge.

138 — Porte-bouquet en verre peint, socle en bronze.

139 — Coupe à pied avec couvercle, verre émaillé.

140 — Petit coffret, contenant quatre flacons, en cristal et cuivre doré.

141 — Neuf pièces en ivoire : Statuettes, figurines, animaux, etc.

142 — Almanach de 1807, reliure en maroquin rouge.

143 — Lorgnette en cuivre ciselé et doré.

144 — Carnet en nacre gravée.

145 — Deux statuettes de saints personnages en cuivre doré.

146 — Petite lampe en émail cloisonné et bronze.

147 — Deux petits vases en émail cloisonné.

148 — Miroir rectangulaire, avec cadre en écaille rouge et os; ornements en cuivre argenté.

149 — Écritoire en bronze, avec sujets décorés au vernis.

150 — Colonnette en marbre gris et bronze.

151 — Colonne en onyx et bronze.

152 — Un volume; partition : *Le Jugement de Pâris, 1718*. Reliure aux armes des d'Orléans.

153 — Buste de jeune femme grandeur nature en marbre blanc.

154 — Petit rouet en bois tourné et os.

155 — Harpe d'enfant en bois sculpté, peint et doré. Époque Louis XVI.

156 — Écrin en maroquin rouge doré.

157 — Petite boîte ovale en ambre.

158 — Petite coupe libatoire chinoise en cristal de roche.

159 — Petite coupe en jade gris de la Chine.

160 — Boîte en bois partiellement laqué, avec applications de burgau. Travail japonais.

161 — Petit plateau oblong en laque du Japon, à fleurs.

162 — Plateau et neuf pots à crème en cristal.

163 — Deux confituriers avec plateaux et couvercles en cristal.

BRONZES

164 — Deux candélabres à sept lumières en bronze doré, style Louis XIV, disposés pour l'électricité.

165 — Deux chenets en bronze, à décor de lions.

166 — Deux chenets en bronze doré, à rocailles.

167 — Deux chenets en cuivre, modèle à boules et mufles de lions.

168 — Cartel en bronze doré, style Louis XVI : feuillages, mascaron et vase.

169 — Pendule de style Louis XIV en marqueterie d'écaille et de cuivre, ornée de bronzes.

170 — Pendule de style Louis XVI en marbre blanc et bronze doré.

171 — Petite pendule avec mouvement de montre, bronze doré : enfants sur une barque.

172 — Pendule, forme cage, et deux lampes en
forme de vases ; marbre rouge et bronze
doré.

173 — Deux chenets en cuivre, style Louis XVI,
modèle à vases enflammés.

174 — Deux petits flambeaux en bronze, disposés pour l'électricité et ornés d'oiseaux en
porcelaine.

175 — Groupe en bronze : *Le Printemps de la
Vie*, par LANZIROTTI.

176 — Lustre en bronze et cristaux, disposé
pour l'électricité.

177 — Un autre, plus petit, disposé pour l'électricité.

178 — Deux appliques en bronze et cristaux,
disposées pour l'électricité.

179 — Deux autres, analogues.

180 — Deux appliques à deux lumières en
bronze doré, avec fleurettes en porcelaine,
disposées pour l'électricité.

181 — Lustre flamand en cuivre, à six bougies, disposé pour l'électricité.

182 — Petit lustre à électricité; bronze et cristaux.

183 — Lustre, forme corbeille, en bronze et cristaux. Époque Restauration.

184 — Petite pendule en marqueterie de cuivre sur écaille, garnie de bronzes.

MEUBLES

185 — Thermomètre et baromètre dans des cadres rectangulaires en bois doré.

186 — Baromètre - thermomètre en bois peint blanc et doré.

187 — Modèle de commode en bois de rose et marqueterie.

188 — Table à jeu en bois de placage, marqueterie ornée de bronzes.

189 — Chaise en noyer et dorure, foncée de canne dorée.

190 — Table-étagère, de forme ronde, en acajou et bronzes ; dessus de marbre.

191 — Bergère en bois doré, garnie de velours ciselé vert.

192 — Bergère en bois doré, garnie de soie brochée à fleurs.

193 — Petit écran en bois doré et soie brochée.

194 — Paravent à deux feuilles en soie brochée
et peluche.

195 — Table-gigogne en acajou et marqueterie,
ornée de bronzes.

196 — Bureau de dame, de forme contournée,
en bois de rose et marqueterie, muni d'une
pendule et de deux portes simulant des dos
de livres.

197 — Table-coiffeuse en bois de placage.

198 — Fauteuil en bois sculpté, style Louis XVI,
garni de soie brochée à fleurs.

199 — Tabouret en bois sculpté et peint, garni
de soie brochée.

200 — Petite bergère en acajou sculpté, style
Louis XVI, garnie et avec coussin de soie
brochée.

201 — Deux chaises en acajou et cuivres, garnies
de soie brochée fond rose.

202 — Bergère en noyer sculpté, style Louis XV,
garnie de soie brochée.

203 — Bout de pieds assorti.

204 — Table-support, de forme carrée, en acajou et bronzes.

205 — Fauteuil en bois doré, garni de soie brochée à fleurs sur fond bleu.

206 — Fauteuil d'enfant en bois doré, style Louis XVI, garni de soie fond crème.

207 — Fauteuil en bois doré, style Louis XVI, garni de soie brochée à fleurs sur fond blanc.

208 — Console en bois doré, style Louis XV, à dessus de marbre

209 — Petite console en bois doré, style Louis XV; dessus de marbre.

210 — Trois tabourets en bois, garnis de soie.

211 — Deux tabourets carrés en noyer et dorure.

212 — Petite banquette en bois doré, cannée et avec coussin.

213 — Canapé en noyer et dorure, foncé de canne dorée et avec coussins.

214 — Petit fauteuil de bureau en bois doré, canné et avec coussin.

215 — Fauteuil en bois doré, foncé de canne dorée et avec coussin.

216 — Paravent à quatre feuilles en noyer, garni de soie crème.

217 — Petite table à pieds cambrés en acajou, ornée de bronzes.

218 — Petite table-étagère, de forme triangulaire, à trois pieds cambrés.

219 — Table à ouvrage en bois de placage.

220 — Glace dans un cadre en bois peint blanc et surmonté d'un trumeau : Amours sur des nuages.

221 — Deux glaces en hauteur, avec cadres bois doré.

222 — Deux consoles-appliques en bois doré.

223 — Écran en bois doré, avec feuille en lampas, fond bleu.

224 — Deux chaises en noyer et dorure, couvertes en velours ciselé marron à fleurs.

225 — Petit canapé en bois doré, couvert en soie bleu pâle.

226 — Marquise analogue.

227 — Chaise longue en deux parties en bois doré, garnie de soie brochée vieux rose.

228 — Canapé et deux fauteuils en noyer et dorure, couverts en damas rouge.

229 — Quatre chaises en noyer et dorure, couvertes en soie brochée fond violet.

230 — Quatre chaises en noyer et dorure, cannées et avec coussins.

231 — Petit paravent à deux feuilles en bois doré et glaces.

232 — Cabinet italien, formant bureau, en bois noir incrusté d'os.

233 — Armoire en acajou ciré, fermant à trois portes dont une avec glace biseautée et deux autres grillagées ; ornements de bronze.

234 — Petite commode à deux tiroirs en bois
de rose et palissandre ; ornements en bronze.

235 — Support-étagère, de style chinois, en bois
noir et marbre rouge.

236 — Bibliothèque en bois de placage, ornée
de bronzes, fermant à deux portes grillagées.
Style Louis XV.

237 — Bureau plat, style Louis XV, en bois
de placage, orné de bronzes.

238 — Banquette en noyer sculpté, foncé de
canne.

239 — Jardinière en noyer et dorure, surmontée
d'une grande glace.

240 — Table de salle à manger en acajou.

241 — Quatorze chaises de salle à manger en
acajou, style Empire, avec coussins en velours rayé jaune.

242 — Petite table-étagère en acajou, avec
service à liqueurs.

243 — Armoire normande en bois sculpté. Style Louis XV.

244 — Divan, garni d'étoffe.

245 — Petite table en acajou, à tiroirs; dessus de marbre.

246 — Petite table à trois tiroirs en marqueterie de bois de couleur, décor d'ustensiles.

247 — Petite commode à trois tiroirs en bois de placage, décor d'ustensiles; dessus de marbre.

248 — Petite commode demi-lune à deux tiroirs en bois de placage.

249 — Table de nuit à deux portes en bois de placage.

250 — Meuble scriban à abattant et deux tiroirs en marqueterie de bois de couleur.

251 — Bureau-bibliothèque Empire en acajou, garni de bronzes dorés; corps supérieur vitré; corps inférieur à fond de glace.

252 — Deux meubles à hauteur d'appui Empire,
ouvrant à une porte ; garnitures de bronzes,
fonds de glace ; dessus de marbre blanc.

253 — Table-étagère en marqueterie hollan-
daise à fleurs ; dessus à volets.

254 — Table en marqueterie de bois de couleur
à fleurs, avec incrustations d'os ; pieds à
croisillon.

255 — Commode à deux tiroirs en marqueterie
de bois de couleur à damier ; garniture de
bronzes ; dessus de marbre. Fin de l'époque
Louis XV.

256 — Petit pupitre en bois sculpté. Commencement du XIXe siècle.

ÉTOFFES, TAPIS

TAPISSERIES

257 — Un lot de coussins. (Sera divisé.)

258 — Tapis de table, soie brodée, fond violet.

259 — Petit tapis, soie brodée, fond vert et velours rouge.

260 — Dessus de piano en satin, brodé à fleurs.

261 — Dessus de lit en ancien satin blanc, brodé à fleurs.

262 — Garniture de lit en damas de soie bleu de ciel, doublure en soie rose, garniture de dentelle.

263 — Deux paires de rideaux en damas rose.

264 — Deux stores en soie et en dentelle.

265 — Tapis fond gris, bordure rouge.
Long., 4 mètres ; larg., 3 m. 20 cent.

266 — Tapis d'Orient, fond gros bleu.

> Long., 5 m. 20 cent.; larg., 3 m. 65 cent.

267 — Grand tapis, fond bleu.

> Long., 6 mètres; larg., 4 m. 70 cent.

268-278 — Plusieurs tapis et carpettes d'Orient.
(Sera divisé.)

279 — Trois paires de rideaux en damas jaune.

280 — Fragment de bordure de tapisserie
flamande du xviiie siècle, présentant un carquois, des oiseaux et des fruits.

> Haut., 25 cent.; larg., 2 m. 50 cent.

281 — Tapisserie-verdure flamande du xviiie
siècle. Bordure à fleurs sur fond jaune.

> Haut., 2 m. 90 cent.; larg., 5 m. 15 cent.

282 — Tapisserie flamande du xviiie siècle : paysage avec rochers, oiseaux et ruines. Bordure
à feuillages.

> Haut., 2 m. 85 cent.; larg., 3 m. 15 cent.

283 — Tapisserie flamande du xviiie siècle, présentant un personnage dans un paysage. Bor-
dure à fleurs et médaillons contenant des
soleils.

284 — Objets omis.